# La Oscuridad y Yo

## Darkness and I

### Sylvia Flores-Figueroa

Reservados todos los derechos. No se permite la reproducción total o parcial de esta obra, ni su incorporación a un sistema informático, ni su transmisión en cualquier forma o por cualquier medio (electrónico, mecánico, fotocopia, grabación u otros) sin autorización previa y por escrito de los titulares del copyright. La infracción de dichos derechos puede constituir un delito contra la propiedad intelectual.

Ibukku es una editorial de autopublicación. El contenido de esta obra es responsabilidad del autor y no refleja necesariamente las opiniones de la casa editora. Todas las imágenes contenidas en este volumen fueron proporcionadas por el autor. Ibukku no se hace responsable sobre los derechos de las mismas.

Publicado por Ibukku
**www.ibukku.com**
Diseño y maquetación: Índigo Estudio Gráfico
Ilustraciones: Ángel FloresGuerra Bistrain
Copyright © 2019 Sylvia Flores-Figueroa
ISBN Paperback: 978-1-64086-327-9
ISBN eBook: 978-1-64086-328-6

La noche está bien oscura. Johnny está acostado en su cama. Tiene mucho sueño. Sus ojitos se cierran, pero él no puede dormir. Los párpados se hacen cada vez más y más pesados y su bostezo adorna la noche. Johnny continúa luchando por no dormirse.

De pronto escucha un sonido, "uo, uo, uo". Abre sus ojos más grandes que la luna. Su corazón comienza a latir tan aprisa que quiere salirse de su pecho. Se mete debajo de la sábana olvidando aquel sueño que lo estaba venciendo.

The night is very dark. Johnny is lying on his bed. He is very sleepy. His eyes close, but he can't sleep. His eyelids become heavier and heavier and his yawn embellishes the night. Johnny continues to struggle to stay awake.

Suddenly, he hears a sound, "uo, uo, uo". He opens his eyes, larger than the moon. His heart starts beating so fast, it seems to want to get out of his chest. He gets under the sheets, forgetting about the sleepiness that almost beat him to sleep.

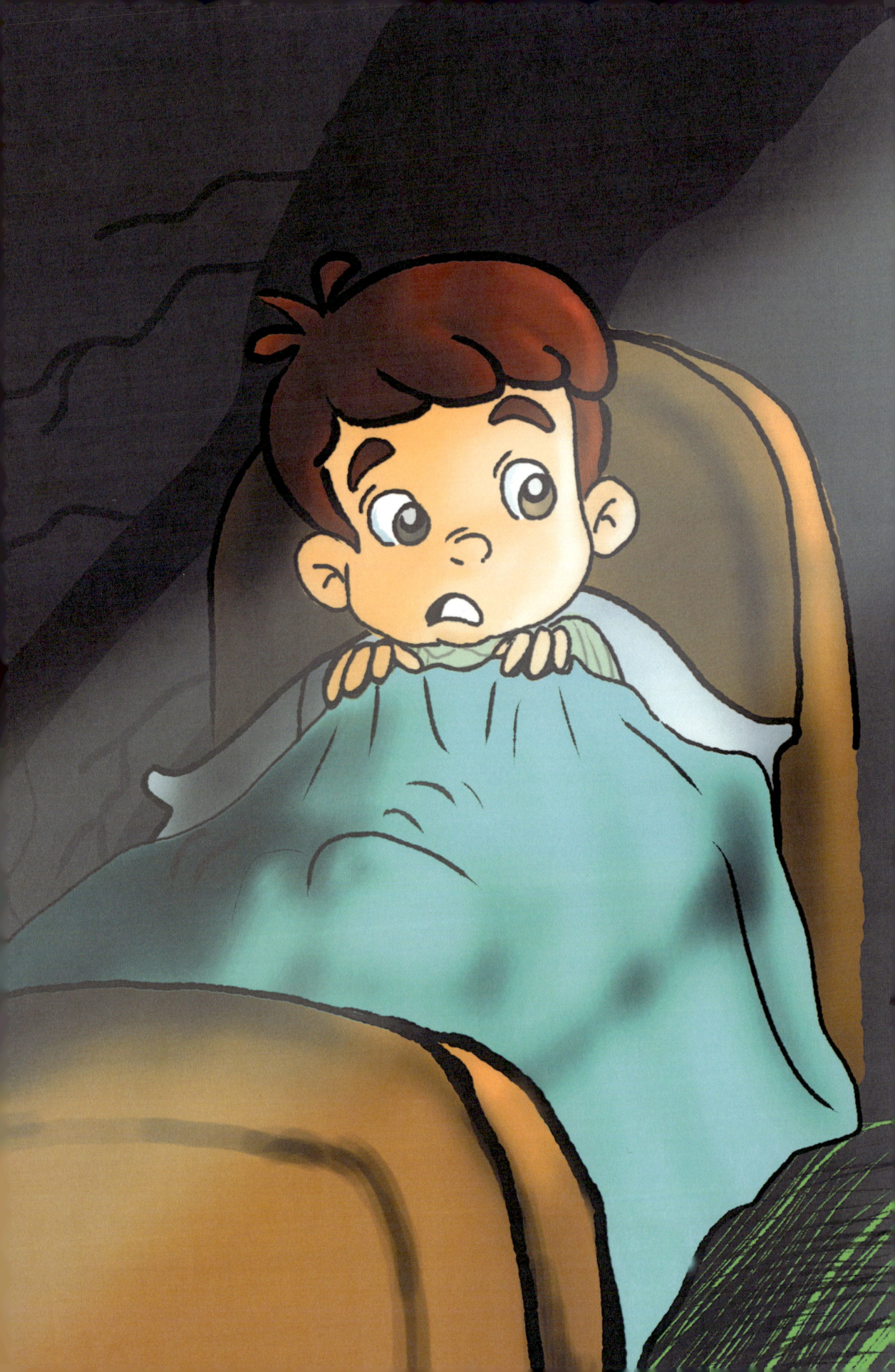

Siente que alguien lo observa y sus piernas comienzan a temblar. Poco a poco destapa su cara, pero se queda paralizado al ver junto a su cama a alguien con brazos muy largos y manos con muchos dedos que no los puede contar. También ve que tiene el cuerpo encorvado como si fuera a echarse sobre él. Con la rapidez de un conejo Johnny se vuelve a meter debajo de la sábana. Comienza a temblar de susto cuando de repente escucha una voz.

– ¡Hola Johnny!

He feels someone watching him and his legs start shaking. Slowly, he uncovers his face, but he is paralyzed when he sees someone with very long arms and hands, with so many fingers he cannot even count, next to his bed. He also sees his body hunched over, as if he were going to lie on him. With the speed of a rabbit, Johnny goes back under the sheets. He begins to tremble with fright when suddenly he hears a voice.

"Hello Johnny!"

Johnny no se atrevía mover ni un sólo dedo. Su pensamiento se llenó de preguntas y posibles respuestas. —"¿Quién me está hablando? Creo que es el hombre que está junto a mi cama. ¿Será el mismo que dijo "uo, uo, uo"? No lo creo, no es posible. ¿Será un fantasma?"— Trataba de calmarse él mismo.

—Johnny, mírame. Sal de ahí. Tenemos que hablar.

El niño sacó fuerzas de donde pudo, y estando debajo de la sábana pregunta:

—¿Quién eres tú?

—No tengas miedo. ¿Puedes quitarte la sábana de la cabeza para poder mostrarte algo?

Johnny didn't dare move a single finger. His thoughts were filled with questions and possible answers. "Who's talking to me? I think it's the man by my bed. Could it be the same man who said 'uo, uo, uo'? I don't think so, it's not possible. Could it be a ghost?". He was trying to calm himself down.

"Johnny, look at me. Get out of there. We need to talk".

The boy drew strength from where he could, and staying under the sheets, asked:

"Who are you?"

"Don't be afraid. Can you take the sheet off your head so I can show you something?"

Con menos temor Johnny comienza a destapar su cabeza poco a poco, pero sólo deja sus ojitos al descubierto. Mira a su alrededor. Sólo escucha el "uo, uo, uo" y ve los largos brazos que lo quieren atrapar. Cierra sus ojos bien apretados y vuelve a meterse debajo de la sábana.

—Johnny no tengas miedo. Ven, sal de ahí. No hemos hablado aún —le dice la voz dulcemente.

—Me asustan tus largos brazos —dice Johnny casi llorando.

—¡Ja, ja, ja! —Ríe la voz.

—¡Vete, déjame solo!

—No tienes por qué temer. Quiero que hablemos. —La voz vuelve a hablarle dulcemente.

With less fear, Johnny begins to slowly uncover his head, but only exposes his eyes. He looks around. He only hears the "uo, uo, uo" and sees the long arms that want to catch him. He closes his eyes tightly and goes back under the sheets.

"Johnny, don't be afraid. Come, get out of there. We haven't spoken yet", says the voice sweetly.

"I'm scared of your long arms", says Johnny almost crying.

"Ha, ha, ha, ha!" The voice laughed.

"Go away, leave me alone!"

"You don't have to be afraid. I want us to talk".
The voice gently tells him again.

¡Eres feo, me asustas!
You´re ugly, you scare me!

Johnny comienza a llorar. El miedo lo había vencido.

—¡No me lleves, no me comas, no me hagas nada, por favor! —Suplica.

—¿Por qué tienes miedo? Yo quiero ayudarte.

—Eres feo, me asustas.

—Te asusta lo que ves, pero yo no soy eso que ves. Sal de ahí.

—¿Dónde estás? ¿Quién eres, entonces? —Pregunta Johnny más calmado.

—Sal de ahí para que veas quién soy. Quiero que hablemos sobre tu miedo.

Johnny begins to cry. Fear had overcome him.

"Don't take me, don't eat me, don't do anything to me, please!" He begged.

"Why are you afraid? I want to help you".

"You're ugly, you scare me".

"It's scary what you see, but I'm not what you see. Get out of there".

"Where are you? Who are you, then?" Johnny asks more calmly.

"Get out of there so you can see who I am. I want us to talk about your fear".

Johnny se siente menos aterrado. Suavemente y con mucha cautela, baja la sábana muy lentamente por la frente. Los ojitos comienzan a asomarse como si fueran los de un cangrejo en su cueva. Vuelve a ver al hombre que tanto le asusta. Busca con sus ojos de dónde proviene la voz que le hablaba.

—¿Qué quieres decirme? —Preguntó Johnny esta vez con un poco de curiosidad.

—Primero quiero que salgas completamente de debajo de la sábana y mires a tu alrededor.

Johnny feels less terrified. Gently and cautiously, he lowers the sheets very slowly across his forehead. His little eyes start to peep out like a crab in his cave. He again sees the man who frightens him so much. He searches with his eyes to find the voice that speaks to him.

"What do you want to tell me?" Johnny asked this time with a little curiosity.

"First, I want you to come out completely from under the sheets and look around".

El niño siguió el consejo de aquella voz que no lograba ver de dónde venía.

—¿Ves que no te pasó nada?

—¿Dónde estás? No te veo. —Preguntó Johnny bajándose de su cama aún con la mirada puesta en aquel hombre que en la oscuridad le aterraba.

—Estoy en todas partes —dijo la voz. —Si miras hacia afuera me verás en el cielo cubierto de muchas estrellas. Si miras hacia abajo verás que también estoy junto a ti.

—¡Pero no te veo!

—¿Ves? No tienes por qué asustarte. Yo te cuido mientras duermes y velo porque tengas sueños bonitos llenos de fantasía. Cuando hace frío, ahí estoy para arroparte.

—Pero no te veo. —Dice Johnny sentándose en la cama.

The boy followed the advice of that voice which he couldn't locate.

"See? Nothing happened to you".

"Where are you? I don't see you". Johnny asked, getting out of his bed, still looking at the man who terrified him in the darkness.

"I'm everywhere", said the voice. "If you look out you will see me in the sky covered with many stars. If you look down, you will see that I am with you too".

"But I don't see you!"

"See? You don't have to be scared. I take care of you while you sleep, and I see that you have beautiful dreams full of imagination. When it's cold, I'm there to tuck you in".

"But I don't see you". Johnny says, sitting on the bed.

Mira para todos lados tratando de buscar de dónde salía aquella voz dulce que le había calmado el miedo a pesar de seguir viendo frente a su cama aquella figura escalofriante. Vuelve a preguntar:

—¿Dónde estás? No puedo verte.

—Sí puedes, sólo que no me puedes tocar. Haz silencio y escucha por un momento.

—"uo, uo, uo" —se escuchó a lo lejos.

—¿Qué es eso? —Preguntó ya calmado.

—Camina hasta la ventana y lo sabrás.

He looks everywhere, trying to find out where that sweet voice was coming from, that voice which had calmed his fear despite still seeing that spooky figure in front of his bed. He asks again:

"Where are you? I can't see you".

"Yes, you can, only you can't touch me. Be silent and listen for a moment".

"uo, uo, uo", you could hear it in the distance.

"What's that?" He asked calmly.

"Walk to the window and you'll know".

La voz lo había calmado de tal forma que él había echado a un lado la silueta que junto a su cama se movía. Se levantó y suavemente caminó hacia la ventana.

—¿Vez aquel árbol? En sus ramas hay algo, ¿puedes verlo?

—Sí, es un búho.

—"uo, uo, uo" —volvió a decir el búho.

—Ahora sabes de dónde viene el "uo, uo, uo". Es la canción del búho que nos arrulla en la noche.

—Oh, qué tonto fui; pero, ¿quién eres tú?

—Mira hacia la pared, ¿ves ese hombre siniestro?

The voice had so calmed him in such a way that he had cast aside the silhouette moving beside his bed. He rose and walked gently to the window.

"See that tree? There is something in its branches, can you see it?"

"Yes, it's an owl".

"uo, uo, uo", said the owl again.

"Now you know where the 'uo, uo, uo' comes from. It's the song of the owl that lulls us into the night".

"Oh, what a fool I was; but who are you?"

"Look at the wall, do you see that sinister man?"

Johnny se voltea rápido. Había olvidado aquella silueta que tanto lo asustaba.

—Me asustan sus largos brazos. ¡Siento que me quiere atrapar! —Vuelve a su mente aquel sentimiento de miedo.

—Mira otra vez por la ventana y dime, ¿qué ves?

Johnny voltea su cabeza un poco desconfiado.

—Veo arbustos, veo la luna —se voltea completo hacia la ventana y mira hacia arriba. —¡Veo las estrellas! Ah, veo también el búho; pero ¿por qué me preguntas?

—Sólo dime, ¿puedes ver algo más?

—Pues, no sé —contestó extrañado y confuso.

—¿Dónde está parado el búho?

—Está parado en una rama de ese árbol seco —señalando al árbol que está cerca de su ventana.

Johnny turns quickly. He had forgotten about the silhouette that scared him so much.

"His long arms frighten me. I feel like he wants to catch me!" That feeling of fear returns to his mind.

"Look out the window again and tell me, what do you see?"

Johnny turns his head a little skeptical.

"I see bushes, I see the moon", he turns all the way to the window and looks up. "I see the stars! Oh, I see the owl too, but why you are asking me?"

"Just tell me, can you see anything else?"

"Well, I don't know", he replied, mystified and confused.

"Where is the owl standing?"

"It's standing on a branch of that dry tree- pointing to the tree near its window".

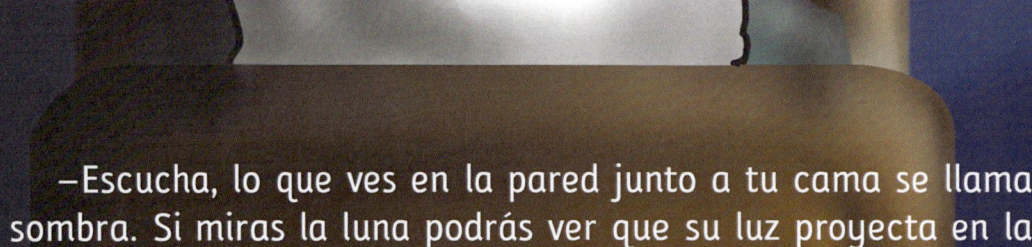

—Escucha, lo que ves en la pared junto a tu cama se llama sombra. Si miras la luna podrás ver que su luz proyecta en la pared la sombra del árbol.

Johnny observa con detenimiento lo que le acababa de decir la voz. Sonríe y dice:

—¿Así que no me debo asustar? ¿No se puede mover de ahí?

—No, si el viento no lo hace. Cuando sopla, ves que la sombra se mueve. Recuerda que sólo es una sombra. Mira, los brazos que imaginas son las ramas del árbol.

—Ja, ja, ja –ríe el niño. –¿Esto es todo lo que hacía que sintiera miedo?

—Así es, no hay que temer en la noche.

"Listen, what you see on the wall next to your bed, is called a shadow. If you look at the moon you will see that its light casts the shadow of the tree on the wall".

Johnny observes carefully what the voice had just said to him. He smiles and says:

"So, I shouldn't be scared? It can't move from there?"

"No, not unless the wind does. When it blows, you see the shadow moving. Remember, it's just a shadow. Look, the arms you imagined, are the branches of the tree".

"Ha, ha, ha, ha", the boy laughed. "Is this what made me afraid?"

"That's right, there's no need to be afraid at night".

La conversación se extendió por muchos minutos. La pregunta intrigante aún no era contestada.

—Pero, ¿quién eres tú?

El niño no recibió repuesta y el silencio se apoderó de la habitación. Buscó en todos lados: en el armario, entre sus juguetes y debajo de la cama.

—¡Hola, holaaaa! ¿Dónde estás?

Continuaba buscando sin poderla hallar. Cuando su búsqueda se había agotado, volvió a escuchar la voz.

—¿Qué buscas con tanto afán?

—A ti.

—Sólo me ves cuando se oculta el sol.

—¿Por qué te escondes del sol? —Preguntó Johnny intrigado y sin entender.

—Porque entonces no sería yo. Recuerda que soy quien cuida tus sueños.

—Si es así, ¿quién eres tú si estás cuando el sol no está?

The conversation went on for many minutes. The intriguing question had not yet been answered.

"But who are you?"

The boy did not receive an answer and silence took hold of the room. He searched everywhere: in the closet, among his toys and under the bed.

"Hello, helloooo! Where are you?"

He kept looking but couldn't find it. When his search was over, he heard the voice again.

"What are you looking for so eagerly?"

"You".

"You only see me when the sun goes down".

"Why do you hide from the sun?" asked Johnny intrigued, unable to understand.

"Because then I wouldn't be me. Remember that I am the one who takes care of your dreams".

"If so, who are you, if you only exist when the sun is gone?"

En verdad que la intriga era demasiado. Si no encontraba en ningún lado de dónde venía esa voz, si no podía tocar a quien hablaba, ¿de dónde venía en realidad? Continuó dando vueltas por todo el cuarto sin poder encontrar nada en absoluto. Dándose por vencido, se sentó en la cama.

—Quiero saber si ya no sentirás miedo cuando vayas a dormir. Dime niño, ¿ya no tendrás miedo? —La voz quería saber si había logrado su propósito.

The intrigue really was too much. If he couldn't find where that voice came from, if he couldn't touch who he was talking to, where did it really come from? He continued circling around the room unable to find anything at all. Giving up, he sat on the bed.

"I want to know you won't be afraid when you go to sleep. Tell me, child, will you not be afraid anymore?" The voice wanted to know if it had achieved its purpose.

—No. —Él contestó muy seguro de sí mismo. —Aprendí que las sombras que pueda ver en mi habitación son reflejo de aquellas cosas que se iluminan con la luz de la luna o de algún farol. Ahora sé que los sonidos que escuche son porque la calma de la noche hará que pueda oír todo lo que haga cualquier tipo de sonido. ¡Hasta puedo escuchar el "cri cri" de los grillos!

"No". He answered very confidently. "I learned that the shadows I can see in my room are a reflection of those things which are illuminated by the light of the moon or some lamp. Now I know that the sounds I hear are due to the stillness of the night, which allow me to hear anything that makes any kind of sound. I can even hear the 'chirp-chirp' of crickets!"

—¡Seguro que sí, todas las noches! Recuerda que estaré aquí para cuidar y velar tus sueños.

—No me has dicho quién eres. ¿Te veré mañana?

—Y siempre, mientras no haya luz.

—Entonces, ¿quién eres? —Preguntó con más inquietud que antes.

— Johnny, mi buen amigo, soy la oscuridad.

Johnny comenzó a reír como nunca. Sabía que cuando fuera a dormir en las noches, tendría a alguien a su lado para cuidarlo.

Y durmió como un lirón.

**FIN**

"Sure, you can, every night! Remember that I will be here to take care of and watch over your dreams".

"You haven't told me who you are. Will I see you tomorrow?"

"And always, as long as there is no light".

"Then, who are you?" He asked with more restlessness than before.

"Johnny, my good friend, I am darkness".

Johnny began to laugh like never before. He knew that when he went to sleep at night, he would have someone by his side taking care of him.

And he slept like a log.

**THE END**

www.ingramcontent.com/pod-product-compliance
Lightning Source LLC
LaVergne TN
LVRC091352060526
838200LV00035B/498